Wir entdecken Tiere

Ein Kindersachbuch
von Wolfgang de Haën
mit Texten von Franz Moisl

Otto Maier Verlag Ravensburg

Inhalt

Vorwort

Jedes Kind freut sich, wenn es irgendwo ein Tier entdeckt und beobachten kann, wie es sich bewegt, wie es krabbelt, kriecht oder fliegt. Oft möchte das Kind dann wissen, was dieses Tier wohl frißt und wo es schläft.

Dieses Buch stellt 38 Tiere der näheren und weiteren Umgebung vor. Es sind vor allem die kleineren und ganz kleinen Tiere, die ja die ganze Vielfalt unserer Tierwelt ausmachen: Vögel, Kriechtiere, Lurche, Käfer und Schmetterlinge. Die Bilder und Texte zeigen, wo diese Tiere zu finden sind, und es wird auch gesagt, warum manche Tiere nur noch selten anzutreffen sind: Die Eingriffe des Menschen in die Natur – Abholzen von Mischwäldern, Trockenlegen von Teichen, Verschmutzung von Gewässern – entziehen langsam aber stetig vielen Tieren den Lebensraum.

Wir möchten mit diesem Buch den jungen Leser dazu verlocken, eigene Streifzüge zu machen, die Natur draußen mit wachen Augen zu beobachten und die Lebensbedingungen unserer Kleintierwelt kennen- und verstehen zu lernen. Wieviel Freude macht es doch, wenn man nach langem, geduldigen Warten an einem Weiher wirklich noch einen Salamander oder gar einen Eisvogel entdeckt. Dann mag manchmal der Wunsch aufkommen, das Tier zu fangen und in einen Käfig zu sperren, damit man es ganz aus der Nähe anschauen, damit man es ganz besitzen kann. Auch wenn das Tier nicht nur in einer Schachtel mit Luftlöchern leben muß, sondern ausreichend Wasser und Futter bekommt – wohlfühlen wird es sich nicht. Tiere brauchen ihre Freiheit in der Natur.

Die Zeichnungen von Wolfgang de Haën zeigen die Tiere, wie sie in ihrer natürlichen Umgebung leben. Ein Teil dieser Bilder ist schon in der Zeitschrift „Eltern" erschienen und hat viele Kinder begeistert. Wir hoffen, daß dies auch hier gelingt.

Franz Moisl
Wolfgang de Haën

Tiere im Garten

Einen Garten wie auf diesem Bild gibt es leider nur noch selten. Dabei ist das ein Garten, wie ihn Tiere sich bestimmt wünschen würden. Anders als der Mensch mögen sie keine geteerten Wege oder kurzgeschnittenen Rasen. Für all die Tiere, die im Garten hausen, ist eine Hecke, die als Versteck oder Brutplatz dient, oder ein kleiner, verwilderter Tümpel viel wichtiger. Stattdessen vernichtet der Mensch durch Unkrautvertilgungsmittel und Insektengifte eine Reihe von Pflanzen und Tieren, die andere Tiere als Nahrung brauchen. Für den Menschen wird der Garten durch diese Pflege vielleicht immer schöner, für viele Tiere wird er dadurch aber immer lebensfeindlicher.

Jetzt gibt es wieder Maikäfer!

Mit den Fühlern riecht er.

Der Maikäfer

Vor 15 bis 20 Jahren war der Maikäfer ein beliebtes Spielzeug für viele Kinder. Sie sammelten Maikäfer in Kisten und Dosen, tauschten die schönsten Tiere miteinander und veranstalteten sogar Maikäferrennen. In manchen Jahren gab es eine regelrechte Maikäferschwemme, über die sich aber nur die Kinder freuten. Für Bauern und Gärtner sind Maikäfer eine Plage, weil sie sich mit großer Freßgier über die Blätter vieler Bäume hermachen, besonders von Buchen, Eichen und Birken. Außerdem nagen die Larven des Maikäfers die Wurzeln dieser Bäume an und bringen damit manchmal die Bäume zum Absterben.

Warum kommt es immer nur in bestimmten Zeitabständen zu einer Maikäferschwemme, und warum ist der Maikäfer in den letzten Jahren fast ganz verschwunden? Ein Maikäfer lebt insgesamt etwa vier Jahre und zwei Monate. Vier Jahre davon verbringt er allerdings unter der Erde. Als ausgewachsener Käfer, wie wir ihn kennen, lebt er nur vier bis acht Wochen. In seinen stark gefächerten Fühlern hat das Maikäfermännchen ein gutes Riechorgan. Damit sucht es sich auch die Weibchen und findet sie oft über mehrere hundert Meter hinweg. Im Juni legt das Weibchen seine Eier ab, und im Laufe von drei Jahren entwickeln sich daraus die Larven: die Engerlinge. Der Engerling verpuppt sich im Winter des dritten Jahres nach der Eiablage. Im darauffolgenden Frühjahr schlüpft der Maikäfer aus und kriecht aus der Erde. Wenn sich einmal besonders viele Käfer entwickelt haben, dann legen diese auch mehr Eier in den Boden. So kommt es, daß vier Jahre später wieder sehr viele Käfer ausschlüpfen.

Durch den Einsatz von Insektengiften ist der Maikäfer fast ausgerottet worden. Daß er jetzt wieder häufiger zu sehen ist, kann daran liegen, daß man bei uns das berühmte Insektengift DDT verboten hat. Vielleicht haben sich aber auch einige Maikäfer an das Gift angepaßt und damit größere Chancen zum Überleben.

Was will er nachts auf der Straße?

eingerollter Igel
in Abwehrstellung

Der Igel

Ab und zu sieht man Igel im Garten, häufiger sieht man sie tot auf der Straße liegen. Jedes Jahr werden bei uns ungefähr 300000 Igel überfahren. Was treibt den Igel dazu, sich auf der Straße aufzuhalten?

Das Fell, Kennzeichen aller Säugetiere, hat sich beim Igel durch Verwachsen von einzelnen Haaren zu einem dichten Stachelkleid umgebildet; es besteht aus etwa 16000 Stacheln. Bei kleinen Igelkindern sind die Stacheln noch ganz weich und stecken bei der Geburt in einer Hülle, so daß die Igelmutter nicht verletzt wird. Die Stacheln bieten dem Igel einen ausgezeichneten Schutz vor Feinden. Nur gegenüber modernen Verkehrsmitteln sind sie leider wirkungslos.

Igel suchen bei Einbruch der Dunkelheit gern Asphaltstraßen auf, weil sich die Sonnenwärme in und über der Straßendecke länger hält als im Gras. Die Wärme der Straße lockt aber auch zahlreiche Insekten an – für den Igel eine geschätzte Nahrung. Wenn sich nun ein Auto nähert, reagiert der Igel so, wie er es seit Jahrmillionen gewohnt ist: Er rollt sich ein und vertraut auf die Abwehrkraft seiner Stacheln. Wenn ihn nicht gleich dieses Auto überfährt, wird er vielleicht vom nächsten überrollt, denn er verharrt meist lange in der eingerollten Stellung.

Den Winter verbringt der Igel, oft unter einem Laubhaufen verborgen, in tiefem Schlaf. Igel, die bei Einbruch des Winters in warme Häuser flüchten und die weniger als 600 g wiegen, haben keine Chance, im Freien den Frost zu überleben. Man sollte sie im Keller in einer Kiste überwintern lassen und sie regelmäßig mit magerem, gehackten Rindfleisch, rohem oder gekochtem Fisch, Hühnerinnereien sowie ab und zu mit Rosinen oder einem Stück Banane füttern. Man sollte ihnen aber Wasser und nicht Milch zu trinken geben, weil die meisten Igel von Milch Durchfall bekommen und daran sterben.

geschlossenes
Nest der Mittleren Wespe

Die Wespe

Feldwespe

Mittlere Wespe

Hornisse,
die größte Wespe

Das Papier wurde vor rund 2000 Jahren in China erfunden, das kann man in vielen Nachschlagewerken lesen. Papier besteht zum größten Teil aus ganz fein zerkleinertem Holz, das in Wasser aufgelöst, anschließend ausgebreitet und getrocknet wurde.

Ganz ähnlich machen es die Wespen: Zunächst zerkleinern sie die Holzteilchen, die sie mit ihren kräftigen Kiefern von einem alten Baum abgenagt haben. Die feinen Splitter werden ausgiebig gekaut, und daraus entsteht ein mit Speichel vermengter Holzbrei. Diesen Brei ziehen die Wespen mit Hilfe ihrer Vorderbeine zu einem dünnen, papierähnlichen Stoff aus, mit dem sie ihre Nester bauen.

Die grauen Wespennester findet man häufig in Heuschuppen, Scheunen und auf Dachböden. Viele Menschen haben große Angst davor, ein Wespennest zu entfernen. Das ist verständlich, denn Wespen sind recht angriffslustig und stechfreudig. Wenn man im Sommer draußen Kuchen oder Obst ißt, kommen sie oft in Scharen herbei und machen sich über alles Süße her. Versucht man, sich dagegen zu wehren, kann man rasch die Erfahrung machen, wie schmerzhaft ein Wespenstich ist.

Doch wer meint, Wespen seien nur unangenehm und schädlich, der täuscht sich: Wespen spielen nämlich eine bedeutende Rolle bei der Bestäubung, also bei der Übertragung des Blütenstaubs von einer Blüte zur anderen. Unterbleibt die Bestäubung, dann können die meisten Pflanzen keine Samen und damit keine neuen Pflanzen hervorbringen. Daher ist es auch den Wespen zu verdanken, daß viele Pflanzen noch nicht ausgestorben sind.

Die Fledermaus

Fledermäuse sind seltsame und scheinbar auch seltene Tiere. Dabei sind allein 1/5 aller Säugetierarten Fledermäuse. Daß man sie bei uns nur selten sieht, liegt zum einen daran, daß es in Deutschland, im Gegensatz zu südlichen oder tropischen Ländern, recht wenige Fledermausarten gibt. Zweitens sind Fledermäuse ausgesprochene Nachttiere, die tagsüber in schwer zugänglichen Höhlen oder Dachböden schlafen. Dabei wickeln sie sich in ihre Flughaut ein und hängen mit dem Kopf nach unten an der Decke. Den Winter über halten sie – ebenfalls an der Decke hängend – Winterschlaf.

Von Nachttieren sollte man annehmen, daß sie große und gute Augen besitzen, aber bei den heimischen Fledermausarten ist genau das Gegenteil der Fall: Sie haben auffallend kleine Augen, dafür aber um so größere Ohren. Das brachte schon vor fast 200 Jahren den italienischen Forscher Spallanzani auf die Idee, einige Versuche über das Orientierungsvermögen der Fledermäuse zu machen: Er spannte quer durch einen Raum dünne Fäden, die mit Glöckchen versehen waren, verdunkelte den Raum und ließ einige Fledermäuse darin herumfliegen. Trotz der vollkommenen Dunkelheit stieß keine der Fledermäuse an die gespannten Drähte. Hatte man ihnen aber auch noch die Ohren zugeklebt, dann berührten sie die Fäden häufig und stießen sogar gegen die Wand. Erst viel später konnte das Geheimnis der Orientierung von Fledermäusen gelüftet werden: Die Fledermaus stößt sehr hohe, für den Menschen unhörbare Töne aus. Das Echo dieser Töne läßt sie nicht nur die Entfernung eines Gegenstandes, sondern auch dessen Umriß und Beschaffenheit erkennen. Man kann daher ohne weiteres behaupten, daß die Fledermaus mit ihren großen Ohren Bilder „hören" und sich dadurch auch bei völliger Dunkelheit gut orientieren kann.

Mausohr

Hufeisennase

Ihre Signale senden die Mausohren durch das offene Maul und die Hufeisennasen durch die Nase.

Die Weinbergschnecke

Wie viele Weinbergschnecken unsere Felder und Wiesen bevölkern, wird einem erst so richtig klar, wenn man einmal bei Regen spazierengeht. Sonst begegnet man diesen äußerst langsam dahinkriechenden Geschöpfen, die ihr Haus auf dem Rücken mit sich tragen, recht selten. Unangenehm wird man an sie erinnert, wenn man den Salat im Garten stark angefressen vorfindet. Eigentlich ernähren sich Weinbergschnecken hauptsächlich von toten, schon angefaulten Pflanzenresten, deren Abwehrkräfte erloschen sind. Viele Pflanzen bilden nämlich Haare oder Borsten oder enthalten bitter schmeckende Bestandteile, die die Pflanze davor schützen sollen, gefressen zu werden. Nach dem Absterben der Pflanze sind diese Schutzvorrichtungen nicht mehr wirksam. Nur die Nutzpflanzen, die vom Menschen gezüchtet werden, zum Beispiel Salat oder Weinreben, haben keine Schutzvorrichtungen. Da Salat sehr kalkhaltig ist und die Schnecken zum Aufbau ihres Gehäuses viel Kalk brauchen, zählt Salat zu ihren Lieblingsspeisen.

Weinbergschnecken haben zwar keine richtige Zunge, sie können die Blätter ihrer Nahrung aber dennoch ganz fein zerreiben. Dies geschieht mit Hilfe einer Reibeplatte, die auf dem Zungenknorpel liegt und sich wie Sandpapier anfühlt.

Eine Weinbergschnecke kann etwa sechs Jahre alt werden. Mit drei Jahren ist sie erwachsen und kann sich fortpflanzen. Vergeblich sucht man nach einem Unterschied zwischen Männchen und Weibchen, denn sie ist beides zugleich. Solche Tiere, die sowohl Eier legen als auch Samenzellen erzeugen können, bezeichnet man als Zwitter. Die Weinbergschnecken besamen sich gegenseitig und legen anschließend ihre Eier in ein Loch, das sie in den Boden gegraben haben. Aus den fast erbsengroßen Eiern schlüpfen nach ein paar Wochen die jungen Schnecken, die schon mit einem stecknadelkopfgroßen Haus zur Welt kommen.

aufgeschnittenes, leeres Schneckenhaus

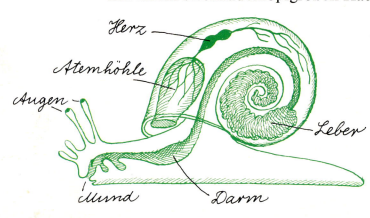

Herz
Atemhöhle
Augen
Leber
Mund
Darm

Käfer

Larve

Puppe

Der Marienkäfer

Der Marienkäfer ist bei Kindern und bei Erwachsenen gleichermaßen beliebt, selbst bei denen, die sich sonst vor Insekten ekeln und sie oft gedankenlos zertreten. Er verdankt seinen Namen der Jungfrau Maria und soll angeblich Glück bringen. Ob er einem einzelnen Menschen Glück bringen kann, ist fraglich; ohne Zweifel ist er aber ein „Glücksbringer" für alle Menschen: Ohne ihn wären schon manche Insekten wie Schildläuse, Milben und vor allem Blattläuse zur Landplage geworden.

Marienkäfer werden meist mit großem Erfolg zur Schädlingsbekämpfung eingesetzt. Selbst die buntgefleckten Marienkäferlarven ernähren sich von Blattläusen und vertilgen täglich rund 50 dieser Tierchen. Bedenkt man, daß ein Marienkäferweibchen 500 bis 1000 Eier legen kann, so ist leicht einzusehen, warum Marienkäfer eine Blattlausplage erst gar nicht aufkommen lassen. Auch im eigenen Garten kann man Schädlingsbekämpfung mit Marienkäfern betreiben. Wichtig ist dabei nur, daß die Blattläuse, zum Beispiel an den Rosenstöcken, nicht schon überhandgenommen haben. Wenn man Marienkäfer im Frühjahr im Garten einsetzen möchte, sollte man im vorausgehenden Oktober einige Marienkäfer in einer Schachtel an einem frostgeschützten, aber dennoch kühlen Ort überwintern lassen.

Im warmen Zimmer müssen Marienkäfer über den Winter verhungern, falls man ihnen nicht einen völlig verlausten Blumenstock anbieten kann. Ansonsten brauchen sie eine Kältestarre, um ohne Energieverlust über den Winter zu kommen.

Wenn man einen Marienkäfer unsanft berührt, sollte man nicht vor der gelblichen Blutflüssigkeit erschrecken, die er aus seinen sechs Kniegelenken ausscheidet. Dieser sogenannte Blutwehrsaft hat für andere Angreifer einen sehr bitteren Geschmack, für die menschliche Haut ist er völlig ungefährlich.

Ein Leben wie im Schlaraffenland

Der Apfelwickler

Im Schlaraffenland braucht sich niemand um das Essen zu sorgen, weil die ganze Umgebung aus lauter guten und wohlschmeckenden Speisen besteht. Leider besteht dieses Land für den Menschen nur im Märchen. Es gibt allerdings ein winziges Tier, das in einer Umgebung aufwächst, die unserer Vorstellung vom Schlaraffenland schon sehr nahe kommt: Die Larve des Apfelwicklers kennt zu Beginn ihrer Entwicklung keine Nahrungssorgen.

Der Apfelwickler selbst ist ein kleiner, unscheinbarer Falter, der nicht größer als einen Zentimeter wird. Seinen Namen hat er von seinen Verwandten, die mit dünnen Gespinstfäden die Blüten (manchmal auch die Blätter) ihrer Fraßbäume zusammenwickeln, um geschützt im Innern der Blüte leben zu können.

Kurz nach der Apfelbaumblüte legt das Weibchen des Apfelwicklers etwa 80 Eier an die noch ganz kleinen Äpfel. Aus den Eiern schlüpfen winzige Raupen, die einen langen Gang durch das Fruchtfleisch bis zum Kerngehäuse fressen. Zuerst fressen sie dort die noch unreifen Apfelkerne, später auch das Fruchtfleisch. Auf diese Weise entsteht im Innern des Apfels eine gemütliche Höhle, deren Wände noch dazu aus lauter eßbarem Material bestehen. Wahrhaftig, ein Leben fast wie im Schlaraffenland.

Im Sommer verlassen die Raupen, inzwischen dick und fett geworden, die fast reifen Früchte mit Hilfe eines Spinnfadens, der an ihrem Hinterleib austritt und an der Luft erhärtet. Den Winter verbringen sie in lockere Gespinstfäden eingehüllt. Erst im darauffolgenden Frühjahr verpuppen sie sich, und Anfang Mai schlüpfen dann die Falter aus.

Es ist sicher nicht nur Neid auf ein solches Leben, der den Menschen veranlaßt, den Apfelwickler zu bekämpfen, wo es geht: Ohne Anwendung von Insektenvernichtungsmitteln würde der Apfelwickler jedes Jahr die Hälfte unserer Apfelernte vernichten.

Der Regenwurm

Mund

Borsten

vorderes Ende
des Regenwurms

Ein, zwei Spatenstiche im Garten, und wir befördern mit großer Wahrscheinlichkeit auch einen Regenwurm mit ans Tageslicht. Man kann ihn gefahrlos in die Hand nehmen, von der anhaftenden Erde befreien und ihn etwas näher betrachten.

Von einem Körperende bis zum anderen ist der Regenwurm in viele gleichmäßige Ringe unterteilt. Legen wir ihn auf ein Stück Papier, so hören wir vielleicht ein leises, kratzendes Geräusch. Es rührt von den kleinen Borsten her, die aus der Körperwand der einzelnen Ringe hervorragen. Diese Borsten stemmt der Regenwurm in die Erde, wenn er sich fortbewegt.

Hat man ihn einige Sekunden lang nicht beobachtet, hat er inzwischen seine Gestalt vollkommen verändert: War er vorher lang und dünn, so ist er jetzt kurz und dick geworden. Indem er seine Muskeln, die sich unter der Haut befinden, abwechselnd zusammenzieht und wieder dehnt, kann er sich langsam fortbewegen. Zwar kann man am Regenwurm keine Augen erkennen, aber er kann hell und dunkel gut unterscheiden. Er versucht nämlich, so schnell wie möglich wieder in die Erde zu kriechen, wenn er ins Tageslicht geraten ist. Im Erdreich bohrt er lange Gänge und durchzieht es mit einem Netz von Röhren. Die Erde wird dadurch aufgelockert und durchlüftet. Bauern und Gärtnern erspart der Regenwurm oft das Umpflügen und Umgraben und sorgt so bestens für das Wachstum der Pflanzen. Er ernährt sich von verfaulenden Pflanzenresten, die er mit der Erde laufend in sich hineinfrißt. Mitunter zieht er sogar Pflanzenteile in die Erde, um sie später, wenn sie verfault sind, zu fressen.

Schneidet man beim Umgraben einmal einen Regenwurm durch, bedeutet das noch nicht den Tod des Tieres. Meist bildet der größere Teil das fehlende Ende wieder nach.

Bei starkem Regen füllen sich die Gänge des Regenwurms im Erdreich mit Wasser. Der Regenwurm droht dann zu ersticken und kommt deswegen zum Atmen an die Erdoberfläche. Daher hat er den Namen Regenwurm.

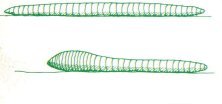

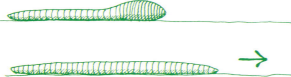

Durch Zusammenziehen und Strecken des Körpers bewegt er sich vorwärts.

Tiere in der Wiese

Wiesen werden heute kaum noch mit der Sense gemäht, sondern fast ausschließlich mit Mähmaschinen. Solche Maschinen, die an Traktoren befestigt sind, kann man aber nur dort einsetzen, wo es keine Hindernisse für sie gibt. Jeder Bauer ist deswegen darauf bedacht, daß auf seinen Wiesen und Feldern keine großen Steine herumliegen, daß möglichst wenig Büsche oder Hecken im

Wege stehen und daß keine Wassergräben die Wiese durchschneiden. Nur dann kann er mit seinen Maschinen schnell und kostensparend arbeiten. Leider vergißt man darüber oft die Folgen für die Tiere, die hier leben: Zahllose Tiere werden von den Maschinen getötet oder sie verlieren in einseitig umgestalteten Wiesen und Feldern ihren Lebensraum.

Der Hamster

„Hamstern" ist vielen Leuten, die Notzeiten erlebt haben, ein geläufiger Begriff: Sie gingen von einem Bauern zum anderen und schleppten so viel Eßbares nach Hause, wie sie bekommen konnten. Sie handelten ähnlich wie die zierlichen Nagetiere, die sich für den Winter mit Körnern eindecken.

Der Hamster gräbt mit seinen kurzen Füßen einen senkrechten Gang in die Erde, der bis zu zwei Meter in die Tiefe reichen kann. Am unteren Ende dieses Ganges baut er sich seine Wohnhöhle, die er mit Heu und Stroh weich polstert. Von dieser Wohnhöhle aus führt ein schräger Gang als Fluchtweg nach oben, und zahlreiche andere Gänge führen zu seinen Vorratskammern. Diese Kammern sind zu Beginn des Winters prall mit Körnern gefüllt. Schon im Sommer und vor allem im Herbst beginnt der Hamster mit dem Einsammeln der Getreidekörner. Er benützt dabei seine Backentaschen als Tragesäcke. Wenn sie vollgestopft sind, sieht es aus, als ob der Hamster seine Backen aufblasen würde. Die Backentaschen werden in die Vorratskammern entleert, und auf diese Weise kann ein Hamster bis zu 20 kg Getreide in seinem Bau ansammeln.

Es ist verständlich, daß dieses Tier von den Bauern nicht gern gesehen wird, aber die zahlreichen Feinde des Hamsters, zum Beispiel Bussard, Eule und Wiesel, sorgen dafür, daß er sich nicht zu stark ausbreitet. Sein Fortpflanzungsvermögen ist beachtlich. Ein Hamsterweibchen kann jedes Jahr siebenmal bis zu 10 Junge zur Welt bringen. Deshalb kann sich der Hamster sehr stark vermehren und großen Schaden anrichten, wenn seine natürlichen Feinde (zum Beispiel Bussard und Wiesel) ausgerottet werden. Die kleinen, braun gefärbten Goldhamster werden gerne als Käfigtiere von Kindern gehalten. Da sich jedoch herausgestellt hat, daß Goldhamster oft gefährliche Krankheiten wie die Hirnhautentzündung übertragen können, werden sie nur noch selten in den Zoohandlungen verkauft.

Sie musiziert auf ihren Flügeln

zirpende Grille

Die Feldgrille

Schon im Spätfrühling, etwa ab Mai, kann man bei sonnigem Wetter an Hängen und auf Wiesen ein lautstarkes Zirpen vernehmen. Die Musikanten selbst sind jedoch meist nur schwer zu beobachten, denn sobald man sich ihnen nähert, verstummen sie. Bei der leisesten Erschütterung des Bodens, zum Beispiel durch Schritte, verschwinden sie sofort in ihren selbstgegrabenen Löchern. Wenn man aber den Boden genau untersucht, kann man den Eingang zu einer kleinen Höhle entdecken. Nimmt man einen Grashalm und steckt ihn in die Öffnung, dann beißt sich der unterirdische Bewohner manchmal wütend daran fest, und man kann ihn ans Tageslicht ziehen. Es ist ein Grillenmännchen, das man durch diesen Trick ganz aus der Nähe betrachten kann.

Es hat einen glänzendschwarzen, recht dicken, runden Kopf mit zwei großen Augen und zwei langen dünnen Fühlern, die sich andauernd hin- und herbewegen. Das Grillenmännchen lebt stets allein in seiner Höhle, und wehe dem Rivalen, der sich in seine Nähe wagt. Meist entbrennt dann ein heftiger Kampf, der mit dem Tod eines der beiden endet.

Das laute Zirpen des Grillenmännchens entsteht ähnlich wie der Ton einer Geige: Die Flügeldecken werden etwas vom Körper abgehoben und gegeneinander gewetzt. Die mit zahlreichen Zähnchen versehene Kante des einen Flügels streicht dabei über die Kante des anderen Flügels und versetzt diesen in Schwingungen. Auf diese Weise sollen die stummen Weibchen angelockt werden. Sie haben ein außerordentlich feines Gehör, das sich allerdings nicht am Kopf, sondern im Oberschenkel des Vorderbeins befindet. Selbst wenn man das Zirpen mit Hilfe eines Telefons in ein Zimmer überträgt, in dem ein gefangenes Weibchen sitzt, fühlt es sich davon angezogen und kriecht auf den Telefonhörer zu.

Ein Fallensteller im Sand

Löwe

Jungfer

(wirkliche Größe)

*Zangen und
Kopf*

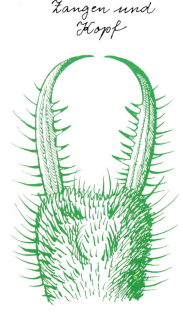

Der Ameisenlöwe

Daß es bei uns einen Löwen gibt, der nur rund einen Zentimeter groß ist, wird dich sicher überraschen. Es ist der Ameisenlöwe, eine Insektenlarve, die den Ameisen auflauert, um sie zu verspeisen.

Der Ameisenlöwe ist die Larve der Ameisenjungfer, eines schlanken, libellenähnlichen Insekts. Die Ameisenjungfern legen ihre Eier an sonnigen, regengeschützten Stellen in den warmen Sand. Die aus dem Ei schlüpfende Larve nennt man Ameisenlöwe. Sie ist mit vielen Borsten besetzt und besitzt zwei mächtige Zangen, mit denen sie andere kleine Insekten, vor allem Ameisen, packen kann. Diese Zangen sind innen von einem feinen Kanal durchzogen. So kann eine Ameise festgehalten und gleichzeitig ausgesaugt werden.

Um möglichst viel Beute zu machen, ohne sich selbst dabei sehr anzustrengen, geht dieser kleine Jäger äußerst geschickt vor: Er gräbt einen Trichter in den weichen Sand, der bis zu fünf Zentimeter tief ist. Auf dem Grund dieses Trichters, unter Sand verborgen, lauert er darauf, daß ahnungslose Ameisen an dem steilen und lockeren Sandhang des Trichters ausrutschen und auf den Grund stürzen. Sollte es einem Opfer gelingen, die Trichterwand wieder emporzuklettern, so schleudert der Ameisenlöwe mit seinem Kopf Sand nach ihm und gegen die Trichterwände, um es wieder zum Abrutschen zu bringen.

Etwa im Juni beginnt die Larve sich zu verpuppen. Dazu verklebt sie Sandkörnchen zu einer Hohlkugel. Nach einiger Zeit schlüpft daraus die Ameisenjungfer, die man an ihren glasklaren Flügeln und den glänzenden, großen Kugelaugen erkennen kann. Am Tag sieht man sie übrigens nur selten fliegen. Sie geht meist in der Dämmerung auf Beutefang und vertilgt vor allem Blattläuse.

Schädel

Insekten-
fressergebiß

Der Maulwurf

Besonders im Frühjahr sind Wiesen und Gärten oft von kleinen Erdhaufen übersät. Der aufgetaute Boden ist jetzt besonders locker, und dann macht sich der Maulwurf nach dem langen Winter wieder auf die Nahrungssuche.

Er verbringt zwar die meiste Zeit seines Lebens unter der Erde, aber er hält keinen Winterschlaf wie viele andere Tiere. Er braucht daher das ganze Jahr über einen gedeckten Tisch. Regenwürmer und Engerlinge, seine Hauptnahrung, ziehen sich im Winter in tiefere Erdschichten zurück. Deswegen muß auch der Maulwurf seine zahlreichen Jagdgänge in die Tiefe verlegen. Und für Notfälle legt er sich schon im Herbst in einer eigenen Kammer einen Vorrat von Regenwürmern an.

In einem Erdloch Regenwürmer gefangenzuhalten, ist nicht einfach. Da sie sich durch das Erdreich fressen, könnten sie eigentlich leicht entwischen. Andererseits nützt dem Maulwurf aber kein Vorrat an toten Würmern, weil Fleisch schon nach kurzer Zeit verdirbt. Diese Schwierigkeit meistert der Maulwurf durch einen Trick: Er zerquetscht den gefangenen Würmern den Kopf, so daß diese sich nicht mehr gesteuert fortbewegen können. Bei Bedarf holt er sich dann jeweils einige Würmer aus dem lebenden Vorrat. Für die unterirdische Lebensweise ist der Maulwurf vorzüglich ausgestattet. Die Vorderbeine sind verbreitert und zu Grabschaufeln umgewandelt. Sein Fell ist kurzhaarig und ohne Haarstrich, so daß er auch mühelos rückwärts in seinen Gängen laufen kann. Maulwurfshügel sind zwar lästig, doch der Maulwurf ist für den Menschen auch nützlich, da er die Larven vieler Schadinsekten vertilgt. Man sollte ihn deshalb nicht durch Gift oder Fallen töten; man kann ihn vertreiben, indem man einen petroleumgetränkten Lappen in seine Röhre steckt.

Grabhand

Das Abendpfauenauge

Ein harmloser Schmetterling, der Vögel erschrecken kann, das gibt es doch gar nicht. So werden sicher einige jetzt denken. Aber das Abendpfauenauge, das zu den sogenannten Schwärmern zählt und erst in der Dämmerung zu fliegen beginnt, bringt dies tatsächlich fertig. Es ist in Europa überall zu Hause und kommt auch zahlenmäßig recht häufig vor. Trotzdem ist es nur sehr schwer zu beobachten, weil es fast nur während der Nacht Blüten besucht. Mit seinem langen Saugrüssel holt es aus den Windenblüten den Nektar, eine süßlich schmeckende Flüssigkeit.

Während des Tages sitzt das Abendpfauenauge meist regungslos mit zusammengeklappten Flügeln an einem Baumstamm. Die bräunlich gefärbten Vorderflügel wirken dabei wie eine Tarnkappe. Sie verdecken die Hinterflügel mit der roten Farbe und den zwei schwarzblauen, pfauenartig gefärbten Flecken. Kommt ein Vogel bei seiner Nahrungssuche zu nahe an einem Abendpfauenauge vorbei, dann spreizt der Schmetterling plötzlich die Flügel und enthüllt ein Paar „Augen", die den Feind drohend anstarren. Erschreckt zuckt der Vogel zurück und fliegt davon. Während des Fluges ist das Abendpfauenauge auch kaum von einem Feind erreichbar, denn mit seinem stromlinienförmigen Körper, den langen Vorderflügeln und der kräftigen Flugmuskulatur gehört es zu den schnellsten Fliegern unter den Insekten. Doch wenn es sich den Blüten nähert, kann es wie ein Kolibri in der Luft stehen bleiben. Durch die schnellen Schläge dieses Schwirrflugs wird im Körper des Abendpfauenauges viel Wärme erzeugt. Dies ist auch der Grund, warum die Schwärmer erst nach Sonnenuntergang mit ihrem Flug beginnen. Sie fühlen sich am wohlsten in der Nacht, weil sie dann die überschüssige Wärme am besten abgeben können.

Puppe in der Erde

32

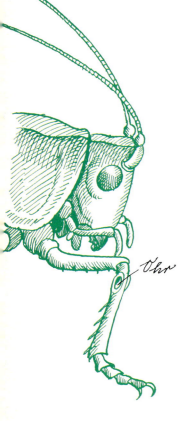

Ohr

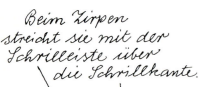

Beim Zirpen streicht sie mit der Schrilleiste über die Schrillkante.

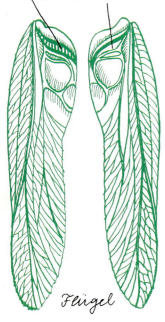

Flügel

Das Grüne Heupferd

Das grüne Heupferd, das diesen Namen wegen der Ähnlichkeit seiner Kopfform mit einem Pferdekopf trägt, gehört zu den Laubheuschrecken. Seine langen Hinterbeine sind kräftig entwickelt, und seine Fühler sind meist länger als der ganze Körper. Obwohl dieses Insekt recht harmlos aussieht, sollte man es mit Vorsicht in die Hand nehmen. Fühlt es sich in der Hand eingesperrt, dann kann es mit seinen kräftigen Kiefern ziemlich heftig in die Haut zwicken. Im Gegensatz zu den Feldheuschrecken ist es nämlich kein Pflanzenfresser, sondern es verspeist vor allem andere Insekten.

Das Sprungvermögen dieser Tiere ist unwahrscheinlich groß. Bei einer Körperlänge von drei bis vier Zentimetern springt es oft über einen Meter hoch und bis zu mehreren Metern weit. Ein Reitpferd müßte bei seiner Körpergröße einige hundert Meter weit springen, um sich mit dem Heupferd messen zu können. Allerdings unterstützt der grasgrüne Hüpfer seinen Sprung oft mit seinen Flügeln. Man hört dann ein leises, flatterndes Sirren. Am besten kann man das in der Dämmerung oder bei hereinbrechender Nacht beobachten, denn Sonnenschein lieben diese Tiere nicht.

Gegen Ende des Sommers legt das Weibchen mit Hilfe seines großen Legestachels seine Eier in den Boden. Im darauffolgenden Frühjahr schlüpfen die kleinen Larven. Im Gegensatz zu den meisten anderen Insekten sehen die Larven den Eltern aber schon sehr ähnlich. Es fehlen ihnen nur die Flügel, die aber schon nach der ersten Häutung als kleine Stummel erscheinen und bei jeder weiteren Häutung größer werden. Nach fünf bis zehn solcher Häutungen ist das Heupferd fertig entwickelt.

Das Männchen kann, wie bei der Grille, zirpende Töne erzeugen, indem es die Flügel gegeneinander wetzt. Das laute „Zick-zick", das dabei zu hören ist, lockt die stummen Weibchen an, die wie die Grillen mit den Vorderbeinen hören.

Die Elster

Von der Elster mit ihrem auffällig schwarz-weiß gemusterten Gefieder wissen die meisten Leute eigentlich nur, daß sie glänzende Gegenstände „stiehlt" und in ihr Nest trägt. Sie wird deswegen gern als „diebische" Elster bezeichnet. Weit weniger bekannt ist, daß die Elster – nach menschlichen Vorstellungen – ein vorbildliches Familienleben führt.

Schon beim Nestbau arbeiten Männchen und Weibchen mit großer Ausdauer zusammen, mitunter bis zu zwei Wochen lang. Die sorgfältig gebauten Nester werden in den Wipfeln von hohen Bäumen angelegt und mit Hilfe von Dornen und trockenen Reisern gut gegen Angriffe von Raubvögeln geschützt.

Im Gegensatz zu vielen anderen Vögeln gehen Männchen und Weibchen eine dauerhafte Bindung ein, die nicht sofort nach dem Brüten wieder gelöst wird. Zwar brütet das Weibchen immer allein die Eier aus, aber das Männchen unterstützt es dabei nach Kräften: Es bringt dem Weibchen während der ganzen Brutzeit Nahrung ans Nest und sitzt ansonsten meist ganz in der Nähe. Nähert sich ein Feind, so warnt es das Weibchen mit eindringlichen Lauten, und dieses verläßt daraufhin unauffällig das Nest.

Sind die Jungen geschlüpft, werden sie gemeinsam von beiden Eltern gefüttert. Auch nach dem Ausfliegen bleibt die Elsternfamilie noch zusammen, sogar über den nächsten Winter hinaus. Während des Winters bilden die Elstern in der Regel große Schlafgesellschaften, doch im Frühjahr finden die meisten Brutpaare wieder zusammen. Selbst wenn sich einzelne Elstern im Winter in ein anderes Gebiet begeben – man bezeichnet einen solchen Vogel als Strichvogel –, so kehren sie im Frühjahr wieder in ihr altes Revier zurück.

Da die Elster im Frühling großen Schaden anrichtet, weil sie fremde Vogelnester plündert und Jungvögel tötet, um ihre eigenen Küken zu ernähren, wird sie oft vom Menschen bekämpft.

Das Glühwürmchen

Wenn man an einem warmen Sommerabend draußen spazierengeht, kann man beobachten, wie kleine, grünlich schimmernde Leuchtpunkte über eine Wiese huschen. Sie tauchen ganz plötzlich auf und erlöschen genauso plötzlich wieder. Wenn man diesem Schauspiel eine Weile aufmerksam zuschaut, stellt man fest, daß die Leuchtpunkte in ganz regelmäßigen Abständen, nämlich alle sechs Sekunden, ihre Blinkzeichen aussenden.

Bald wird man auch im Gras solche Leuchtpunkte finden, diese bewegen sich allerdings nicht. Es sind die weiblichen Glühwürmchen, die nicht fliegen können, weil sie keine Flügel haben. Sie klettern an Grashalmen hoch und strecken ihren Hinterleib mit dem Leuchtorgan nach oben. So antworten sie auf die Blinkzeichen der herumfliegenden Männchen und locken sie damit zur Paarung an. Mit einer Taschenlampe kann man das ganz einfach ausprobieren: Wenn man die gleiche Blinkzeichenfolge gibt wie das weibliche Glühwürmchen, dann wird sich bald ein Männchen auf der Hand niederlassen, mit der man die Taschenlampe hält. Das Glühwürmchen kann man ruhig anfassen, man verbrennt sich an dem Leuchtfleck nicht die Finger. Das Licht, das hier in einer chemischen Reaktion entsteht, ist kaltes Licht. Diese Reaktion kann man sogar noch hervorrufen, wenn man ein totes, vertrocknetes Glühwürmchen gefunden hat: Man muß das eingetrocknete Leuchtorgan nur mit Wasser anfeuchten.

Glühwürmchen fressen fast gar nichts. Dafür sind ihre Larven um so gefräßiger: Sie machen sich sogar über Schnecken her, die viel größer und schwerer sind als sie selbst. Da die Larve so einen großen Brocken nicht verschlingen kann, muß sie ihre Beute vorverdauen. Sie sondert dazu einen Verdauungssaft ab, der das Beutetier in flüssige Bestandteile auflöst. So kann die Larve ihre Nahrung einschlürfen.

Mit dem langen Saugrüssel kann er aus tiefen Blüten Nektar saugen.

Der Zitronenfalter

Schon Anfang März flattert der Zitronenfalter in unruhigem Flug über Felder und Wiesen, um nach der langen Fastenzeit des Winters den Nektar von Seidelbast, Veilchen und anderen Frühlingsblumen zu suchen.

Frei an Büschen sitzend, zwischen trockenem Laub am Boden oder unter Moosen und Reisern versteckt, hat er als Schmetterling Winterschlaf gehalten. Dabei friert er wie in der Tiefkühltruhe ganz durch, sein Körper wird spröde wie Glas.

In der Ruhestellung ist sein Rüssel wie eine Uhrfeder unter dem Kopf aufgerollt. Nähert sich der Zitronenfalter einer Blüte oder sitzt er darauf, dann rollt er den Rüssel aus, um damit bis auf den Grund der Blüte zu gelangen. Dort befindet sich der Nektar, eine süßlich schmeckende Flüssigkeit, die der Falter begierig aufsaugt. Das Männchen des Zitronenfalters erkennt man an seinen leuchtend gelben Flügeln, das Weibchen ist dagegen nur schwach grünlich-weiß gefärbt. Es legt etwa 200 Eier einzeln an Knospen oder bereits entwickelten Blättern von Faulbaum und Kreuzdorn ab. Schon im Mai schlüpfen die grünen, an den Seiten weiß gestreiften Raupen. Im Juni sucht sich die Raupe einen Pflanzenstengel oder etwas ähnliches, um sich daran festzuspinnen und zu verpuppen. Aus der Puppe schlüpft schon nach einigen Wochen ein junger Zitronenfalter. Fliegen kann er allerdings erst nach einigen Stunden, denn seine Flügel sind anfangs noch ganz weich und feucht. Daher pumpt der Falter Blut in seine Flügel, damit diese sich ausbreiten. An der Luft trocknen sie dann und werden allmählich hart.

Die restlichen Sommermonate verbringt er ausschließlich mit der Nahrungssuche, bevor er sich im Frühherbst einen Platz zur Winterruhe sucht.

Tiere am Wasser

Versuche einmal zu zählen, wie viele verschiedene Tiere du auf diesem Bild siehst. In der freien Natur trifft man natürlich nie so viele Tiere auf einmal an. Manchmal ist es schon schwierig, auf einem Spaziergang zwei oder drei von ihnen zu beobachten. Vielleicht fällt dir beim Nachdenken ein, warum das so schwierig sein könnte. Am Ufer zum Beispiel, das früher mit Schilf bewachsen war, ist heute ein Kiesstrand für Badegäste angelegt. Viele Bäche, die sich durch die Landschaft schlängelten, sind begradigt worden: Man hat sie in Betonrinnen oder gar in unterirdische Röhren gezwängt. Und die wilden Müllkippen in der Nähe von Bächen und Seen haben auch vielen Tieren das Leben unmöglich gemacht. Vieles davon müßte nicht sein.

Die Spinne hängt ihren Eibeutel in die Taucherglocke.

Die Wasserspinne

Tiere, die ständig im Wasser leben, brauchen Kiemen zum Atmen. Wenn sie keine Kiemen haben, müssen sie immer wieder an die Wasseroberfläche kommen, um Luft zu holen. Obwohl die Wasserspinne keine Kiemen besitzt, muß man lange warten, wenn man sie einmal beim Luftholen beobachten will.

Sie kann oft stundenlang unter Wasser bleiben, weil sie sich einen Vorrat an Luft mit in die Tiefe nimmt. An Wasserpflanzen aufgehängt, hat sie ein deckenartiges, dichtes Netz gesponnen. Sobald es fertig ist, schwimmt sie zum Wasserspiegel empor und reckt ihr Hinterende über die Wasseroberfläche. Zwischen ihren Spinnwarzen und den feinen Härchen an ihrem Leib bleibt Luft hängen, die sie mit in die Tiefe nimmt. Unten angekommen, streift sie die Luftblase an ihrem Netz ab. Das wiederholt sie so oft, bis das Netz ganz mit Luft gefüllt ist. Auf diese Weise entsteht eine fingerhutförmige Taucherglocke, die der Spinne als Aufenthaltsraum unter Wasser dient. Von hier aus macht sie Jagd auf kleine Wassertiere wie Krebschen und Wasserinsekten.

Von der Taucherglocke aus führen zahlreiche Fäden zu den umgebenden Wasserpflanzen. Sie dienen der Wasserspinne als Brükken und Laufstege. Hat sie auf einem ihrer nächtlichen Jagdausflüge eine Beute erlegt, dann schleppt sie diese in ihre Taucherglocke, um sie dort in Ruhe zu verzehren.

Im Gegensatz zu den meisten anderen Spinnen leben Weibchen und Männchen der Wasserspinne friedlich nebeneinander. Nach der Begattung, die in der Taucherglocke des Weibchens erfolgt, legt das Weibchen 50 bis 100 Eier in einen Eibeutel, den es zuvor gesponnen und in die Taucherglocke gehängt hat. Die jungen Spinnen, die aus den Eiern schlüpfen, bleiben noch einige Wochen in der Taucherglocke. Sie werden während dieser Zeit vom Weibchen mit Luft und Nahrung versorgt.

Der Feuersalamander

Viele kennen den Feuersalamander nur von Bildern, obwohl er in ganz Europa noch recht zahlreich zu finden ist. Daß man ihn trotzdem so selten sieht, liegt daran, daß er meist nur nachts auf Beutefang geht. Da er sich nicht rasch fortbewegt, besteht auch seine Beute nur aus langsamen Tieren wie Schnecken und Regenwürmern. Tagsüber sieht man ihn nur selten, vor allem bei trockenem Wetter, weil sonst seine Haut zu schnell austrocknen würde. Aber nach einem kräftigen Regen kriecht er schon einmal aus seinem Versteck hervor. Der Feuersalamander lebt gern in feuchten, schattigen Wäldern und in der Nähe von Bächen. Tagsüber versteckt er sich im Moos, in Baumstümpfen und Höhlen oder unter Steinen. Wenn er sein Versteck verlassen hat, ist der Feuersalamander nicht schwer ausfindig zu machen, denn mit seinen leuchtenden, orangegelben Flecken auf der schwarzen Haut fällt er sofort auf. Im Gegensatz zu vielen anderen Tieren, die sich gut tarnen, damit sie von ihren Verfolgern nicht so leicht entdeckt werden können, scheint er geradezu auffallen zu wollen. Das wird verständlich, wenn wir wissen, daß sich in der Haut des Feuersalamanders zahlreiche Drüsen befinden, die einen scharf ätzenden Saft absondern. Dieser Saft ruft ein heftiges Brennen hervor, besonders auf Schleimhäuten (zum Beispiel im Mund). Ein Vogel, der einmal versucht hat, einen Feuersalamander zu verspeisen, wird das sicher kein zweites Mal tun. Die auffallend gelben Flecken geben ihm das Signal: „Vorsicht, ungenießbar!"

Der Feuersalamander ist ein wechselwarmes Tier, seine Körpertemperatur paßt sich der Außentemperatur an. Wegen seiner feuchten, kühlen Haut sind im Laufe der Zeit viele Schauermärchen über den Feuersalamander entstanden. In einem davon heißt es, daß er „wie Eis, durch bloße Berührung Feuer löschen kann". So ist dieses Tier zu seinem Namen gekommen.

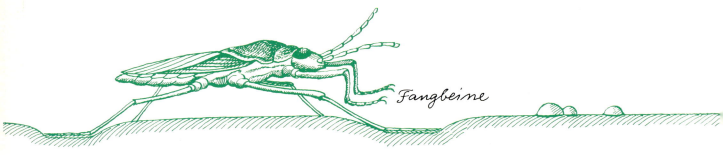

Fangbeine

Der Wasserläufer

Auf stillen Teichen, in ruhigen Buchten träge fließender Gewässer und oft sogar auf größeren Pfützen huschen flinke, kleine Insekten über die Wasserfläche. Wie Schlittschuhläufer auf dem Eis flitzen sie auf dem Wasser dahin und bekommen nicht einmal nasse Füße dabei. Wenn man sie nämlich von nahem betrachtet, stellt man fest, daß ihre Beine gar nicht ins Wasser tauchen: Wasserläufer schwimmen nicht, wie es zunächst scheint, im Wasser, sondern sie laufen auf der Oberfläche. Dort, wo die Füße das Wasser berühren, entstehen kleine Vertiefungen. Es ist, als sei das Wasser mit einer unsichtbaren, dünnen Haut überzogen. In der Tat besitzt das Wasser ein sogenanntes Oberflächenhäutchen, auf dem der Wasserläufer elegant dahingleitet.

Diese Wasserhaut kannst du mit einem Versuch, der sich leicht zu Hause durchführen läßt, selbst nachweisen. Wenn du eine Rasierklinge ganz vorsichtig flach auf die Wasseroberfläche eines gefüllten Waschbeckens legst, dann bleibt die Klinge auf der Oberfläche liegen, obwohl Eisen in Wasser sonst immer untergeht. In diesem Fall trägt, wie beim Wasserläufer, das Oberflächenhäutchen des Wassers das Gewicht.

Der Wasserläufer lebt vor allem von kleinen Lebewesen, die ins Wasser fallen, oder von Insektenlarven, die zum Atmen an die Wasseroberfläche kommen. Er reagiert auf die winzigen Wellen, die sein Opfer verursacht, stürzt darauf zu, ergreift die Beute mit den kurzen, vorderen Fangbeinen und tötet sie mit dem Schnabel. Seine Schnelligkeit verdankt der Wasserläufer den übrigen vier schlanken und langen Beinen, die ihn im Gleichgewicht halten und ihm auch zum Steuern dienen. Daß er außerdem gut fliegen kann, beobachtet man zwar nur selten, aber die Pfützen, die sich nach einem längeren Regen gebildet haben und bald von Wasserläufern wimmeln, sind ein Beweis dafür. Um seinen Aufenthaltsort zu ändern, fliegt der Wasserläufer meist nur nachts, wenn die Wasserflächen silbrig glänzen und für ihn gut zu erkennen sind.

Der Biber

Der Biber kann bis zu 40 Kilogramm schwer werden und ist damit das größte Nagetier Europas. Mit Hilfe seiner gut entwickelten und ständig nachwachsenden Zähne nagt er ganze Baumstämme ab und bringt sie schließlich zu Fall. Durch die häufige Benutzung bleiben die Nagezähne des Bibers immer gleich scharf.

Wenn der Biber einen Baum fällen will, geht er sehr geschickt vor: Er nagt die Seite des Baumes, die zum Wasser hin zeigt, stärker an als die gegenüberliegende. Dadurch fällt der Baum bestimmt ins Wasser und nicht aufs Ufer. Aber wozu braucht der Biber diese Menge an Stämmen und Ästen?

Der Biber ist zwar ein Pflanzenfresser, aber solange es grünes und saftiges Gras gibt, wäre er auf das Holz der Bäume eigentlich nicht angewiesen. Tatsächlich ernährt er sich auch nur im Winter von Baumrinde. Stämme und Äste braucht er vor allem, um Dämme zu bauen und auf diese Weise das Wasser aufzustauen. Der Eingang zu einer Biberhöhle liegt nämlich immer unter Wasser. Das ist für den Biber ein wirksamer Schutz vor Feinden. Hat sich der Biber an einem Fluß mit niedrigem Wasserstand angesiedelt oder sinkt der Wasserstand einmal zu sehr ab, dann staut der Biber das Wasser auf, indem er aus Stämmen, Ästen und Zweigen einen Damm baut, den er mit Schlamm abdichtet. Durch mehrere solcher Dämme schafft er Wasserflächen auf unterschiedlichen Höhen und hält so sämtliche Eingänge zu seiner „Burg" unter Wasser. Mit Hilfe seines abgeplatteten Schwanzes, den er als Ruder benutzt, kann er sehr schnell schwimmen.

Staudamm eines Bibers

Leider sind Biber recht selten geworden, deswegen stehen sie unter strengem Naturschutz. In Deutschland hat man Biber bis vor kurzem nur noch an der Elbe gefunden. Inzwischen gibt es noch zwei Orte, wo man Biber wieder angesiedelt hat: in den Donau-Auen bei Neustadt und am Ammersee in Oberbayern.

Die Wasseramsel

Es gehört schon einiges Glück dazu, eine Wasseramsel in freier Natur zu beobachten. Sie ist nämlich ein sehr scheuer Vogel, der sich gern an klaren, reißenden Gebirgsbächen aufhält, die bei uns leider immer seltener werden.

Zwei Kilometer lang kann das Revier eines Wasseramsel-Pärchens sein. Hier sucht die Wasseramsel nach kleinen Fischen, Kaulquappen, Insekten und deren Larven. Sie hüpft im Bachbett von Stein zu Stein und wippt dabei ähnlich wie eine Bachstelze mit ihrem Hinterleib. Sie wagt sich aber auch ins tiefere Wasser und läuft sogar weiter, wenn das Wasser bereits über ihrem Kopf zusammengeschlagen ist. Bis zu einer halben Minute kann sie so unter Wasser herumspazieren.

Immer wieder hebt sie die am Grund liegenden Steine an, um darunter verborgene Insektenlarven aufzuspüren. Mit den Flügeln hält sie sich im Gleichgewicht, und manchmal sieht das so aus, als wollte sie unter Wasser fliegen. Um nicht von der Strömung fortgerissen zu werden, klammert sie sich mit ihren Krallen an den Steinen fest. Will sie wieder auftauchen, dann läßt sie die Steine einfach los und wird darauf wie von selbst an die Wasseroberfläche getrieben.

Um zu verhindern, daß Wasser in ihr Gefieder eindringt, ist die Wasseramsel darauf bedacht, ihr Federkleid immer gut einzufetten. Das Fett dafür holt sie aus der Bürzeldrüse an ihrem Hinterleib: Sie drückt mit dem Schnabel auf den Bürzel, preßt etwas Fett heraus und verteilt es gleichmäßig auf die Federn. So eingefettet ist sie gegen Nässe und Kälte geschützt. Sie kann gleich nach dem Auftauchen weiterfliegen, ohne ihr Gefieder trocknen zu müssen, und sie kann die eisige Kälte der Gebirgsbäche ertragen. Wenn kein Wasser eindringt, bleibt zwischen den Federn immer etwas Luft eingeschlossen, die selbst unter Wasser einen guten Wärmeschutz bietet.

Die Jungen lernen zuerst tauchen und schwimmen, dann erst fliegen.

Die Ringelnatter

Macht man im Sommer einen Spaziergang in der Nähe eines See-
ufers, dann hört man es mitunter im Gras oder Schilf rascheln, ohne
auch nur die Spur von einem Lebewesen zu entdecken. Ganz
selten kann man beobachten, wie ein dunkler Schatten geräuschlos im Wasser verschwindet. Dann ragt nur noch ein kleiner Kopf
aus dem Wasser, und eine gespaltene Zunge tritt mehrmals nach-
einander hervor, um rasch wieder im Maul zu verschwinden. Es
ist eine Ringelnatter, die wir durch unsere Schritte aufgeschreckt
haben und die jetzt mit ihrer Zunge wittert, ob „die Luft wieder
rein ist".

Die Ringelnatter hat an ihrem Gaumen zwei Öffnungen, in die
sie die beiden Spitzen ihrer Zunge hineinschiebt. Um Geruchs-
stoffe aufzunehmen, muß sie also dauernd ihre Zunge heraus-
strecken. Dieses Züngeln kann man besonders gut beobachten,
wenn die Schlange aufgeregt ist.

Die Ringelnatter hält sich besonders gern in der Nähe des Wassers
auf, weil sie dort ihre Lieblingsbeute, nämlich Frösche, am leich-
testen fangen kann. Sie tötet ihre Beute aber nicht, sondern sie
verschlingt sie lebendig. Es ist erstaunlich, wie weit die Ringelnatter dabei ihr Maul aufsperren kann. Trotzdem dauert es oft
Stunden, bis ein großer Frosch im Magen landet. Wird sie während
des Schlingens erschreckt, dann würgt sie ihre Mahlzeit oft wieder
hervor. Ein halb verschluckter Frosch kann dann ohne Schaden
wieder davonhüpfen.

Im Sommer legt die Ringelnatter etwa 20 bis 30 Eier, die nicht
von einer Kalkschale, sondern von einer dünnen Haut umgeben
sind. Dabei bevorzugt sie zur Eiablage vor allem Dung- oder
Komposthaufen, weil die Wärme, die durch die Fäulnis entsteht,
das Ausbrüten der Eier beschleunigt.

Im Gegensatz zur Kreuzotter ist die Ringelnatter nicht giftig und
dem Menschen gegenüber sogar recht gutmütig. Man sollte sie
daher nicht töten, weil man vielleicht Angst vor Schlangen hat,
sondern sie in Ruhe lassen und ihr aus dem Weg gehen.

Sperrt sie ihr Maul sehr weit auf, kann sie ihren Unterkiefer aus-
hängen.

das Skelett

Der Eisvogel

Der Eisvogel ist fast überall in Europa zu finden, nur nicht dort, wo es viel Eis und Schnee gibt wie in den nordischen Ländern. Sein Name hat nämlich mit Eis gar nichts zu tun: Der Eisvogel müßte eher „Eisenvogel" heißen, weil sein metallisch glänzendes, blaues und smaragdgrünes Gefieder dem bläulich glänzenden Eisen ähnelt, das man in grauer Vorzeit als Schmuck getragen hat. Er ist kein Vogel, der die Kälte schätzt, denn ursprünglich ist er ein Bewohner tropischer Länder. Dort lebt auch heute noch die Mehrzahl dieser herrlich bunt gefärbten „Wasserspechte".

Mit den Spechten hat der Eisvogel vor allem den langen, spitzen Schnabel gemeinsam. Er benutzt ihn zum Fischfang und zum Bau seiner Bruthöhlen in den Uferböschungen von Flüssen und Seen. Oft sitzt er stundenlang still und lauernd auf einem Zweig, der über der Wasseroberfläche hängt, und beobachtet das Wasser. Hat er einen kleinen Fisch erspäht, stößt er im Sturzflug ins Wasser und packt ihn geschickt mit seinem langen Schnabel. Er dreht sich unter Wasser blitzschnell um, schwimmt nach oben und stößt sich dort mit den Flügeln ab. Das alles dauert keine Sekunde. Obwohl der Eisvogel keine größeren, sondern nur kleine und oft kranke oder zurückgebliebene Fische fängt, wird er vor allem von Fischzüchtern gnadenlos gejagt. Da sich Eisvögel darüber hinaus nur an sauberen, fischreichen Gewässern niederlassen, die Wassergüte unserer Seen und Flüsse durch Abwässer jedoch zunehmend schlechter wird, gibt es bei uns mit der Zeit immer weniger Eisvögel. Dazu kommt noch, daß schon die Jungen des Eisvogels stark gefährdet sind: Ratten und Wiesel dringen durch die bis zu einem Meter langen Gänge von der Uferböschung bis in die Bruthöhle vor und töten die Jungvögel. Ein Teil von ihnen ertrinkt auch bei den ersten Jagdversuchen.

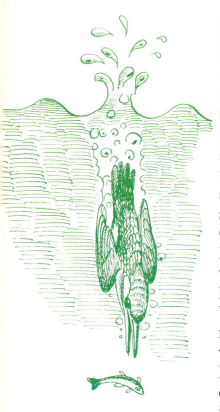

Die Königslibelle

Wenn man zwischen Mitte Juni und Ende August an einen Teich oder See zum Baden geht, kann man die blauschwarze Königslibelle, neben den Schmetterlingen wohl eines unserer schönsten Insekten, gut beobachten. In rasantem und gleichzeitig sehr elegantem Flug saust sie an einem vorbei oder bleibt in der Luft stehen. Manchmal fliegt sie sogar rückwärts. Im Gegensatz zu anderen Insekten kann sie nämlich jeden der vier Flügel einzeln bewegen, auch jeweils zwei in entgegengesetzter Richtung. Wenn sie das tut, bleibt sie in der Luft stehen; schlägt sie mit beiden Flügelpaaren gleichzeitig nach hinten, dann kann sie Spitzengeschwindigkeiten bis zu 90 km in der Stunde erreichen.

Unerklärlich ist, warum auch heute noch viele Menschen Angst vor diesem schönen Insekt haben und davonlaufen, sobald sie eine Libelle sehen. Vielleicht sind daran die großen Augen und die mächtigen Kieferzangen schuld. Libellen sind in der Tat gefährliche Tiere, allerdings nicht für den Menschen, sondern für andere Insekten. In pfeilschnellem Flug ergreifen sie ihr Opfer und zerstückeln es noch während des Fluges. Dabei spähen sie mit ihren großen Augen schon wieder nach neuer Beute aus.

Auch die Larve der Königslibelle ist ein großer Jäger. Sie lebt allerdings unter Wasser und lauert, meist im Schlamm versteckt, ihrer Beute auf. Sobald eine Kaulquappe oder ein kleiner Fisch in ihre Nähe gelangt, schleudert sie ihre Fangmaske, an deren Spitze sich ein Haken befindet, nach der Beute und ergreift sie. Die Larve atmet unter Wasser durch Kiemen, die sich in ihrem Darm befinden. Es muß daher dauernd Wasser in ihren Darm ein- und ausströmen. Ist sie in Gefahr, dann preßt sie das Wasser blitzschnell aus. Der dabei erzeugte Rückstoß treibt sie wie ein Düsenantrieb schnell aus der Gefahrenzone.

die Fangmaske
der Larve

Hinter den Kiemendeckeln sind die Kiemen, mit denen der Fisch atmet.

Die Elritze

Die Redensart „stumm wie ein Fisch" trifft nicht auf alle Fische zu, denn es gibt einige, die mit ihrer Schwimmblase knurren oder quietschen können. Daß sich Fische aber unterhalten können, bezweifelt sicher fast jeder. Um so erstaunlicher sind Versuchsergebnisse, die zeigen, daß Elritzen ihren Schwarm vor einer drohenden Gefahr, zum Beispiel vor einem Raubfisch, warnen können.

Greift ein Hecht einen Schwarm Elritzen an, so gerät der Schwarm in helle Aufregung, sobald der Hecht eine Elritze verspeist, auch wenn die übrigen Elritzen ihn gar nicht sehen können. Diese Aufregung stellt sich ein, wenn eine Elritze an der Haut verletzt wird. In der Haut befinden sich nämlich kleine Drüsen, die einen sogenannten Schreckstoff enthalten. Wird die Haut und damit die Drüse verletzt, dann gelangt der Schreckstoff ins Wasser. Haben die anderen Elritzen ihn mit der Nase aufgenommen, stieben sie wild auseinander, um dem Feind zu entgehen.

Bei Elritzen läßt sich auch gut beobachten, daß sie ihre Hautfarbe ändern, um sich in ihrer Umgebung zu tarnen. Auf hellem Untergrund zeigen sie eine bleiche Haut, auf schwarzem Untergrund wird sie innerhalb weniger Minuten dunkel. Wollten wir unser Aussehen so schnell verändern, müßten wir dazu die Kleider wechseln. Bei der Elritze geht das einfacher: In ihrer Haut befinden sich Zellen mit Farbstoff. Hat sich die Elritze an einen dunklen Grund angepaßt, dann ist der Farbstoff in den Zellen sternförmig ausgebreitet. Will sie sich an einen helleren Grund anpassen, dann ballt sich der Farbstoff in der Mitte der Zellen eng zusammen, was man unter einem Mikroskop gut erkennen kann.

Eine der schönsten Kröten und noch dazu sehr nützlich

Die Wechselkröte

Schon immer hatten die Kröten unter der Abscheu der Menschen zu leiden, und es gibt viele Leute, die sich vor ihnen ekeln. Womit hängt diese tiefe Abneigung der Menschen vor Kröten zusammen? Sicher spielt die Haut der Kröte, die von zahlreichen Warzen bedeckt ist, dabei eine Rolle. Diese Warzen sind eine Ansammlung von Giftdrüsen. Wenn sich der Kröte ein Feind nähert, dann versucht sie zunächst zu fliehen. Aber sobald der Feind sie erreicht hat, sondert sie aus allen Drüsen gleichzeitig einen Schleim ab, der unangenehm riecht. Diese Flüssigkeit übt einen starken Reiz auf die Schleimhäute des Angreifers aus. Sie ist für den Menschen aber nicht gefährlich.

Im Mittelalter glaubte man auch, daß jede Kröte in ihrem Kopf einen wertvollen Stein, den Krötenstein, besäße. Diesem Stein wurden geheimnisvolle Kräfte nachgesagt. Um ihn zu bekommen, gab es verschiedene Rezepte, die angeblich von Hexen stammten und von ihnen ausprobiert wurden. Dies ist wohl der zweite Grund für die tiefverwurzelte Abneigung des Menschen vor Kröten.

Die Wechselkröte, die man in Mitteleuropa nur noch selten findet, ist sicher eine der schönsten Kröten. Sogar die Stimme des Männchens klingt sehr angenehm und ähnelt eher dem Trillern eines Kanarienvogels als dem Quaken eines Frosches. Da die Wechselkröte, wie auch alle anderen Kröten, zum größten Teil schädliche Insekten vertilgt, ist sie ein ausgesprochen nützliches Tier. Deshalb sollte es eine Selbstverständlichkeit sein, Kröten in Ruhe zu lassen und sie nicht aus Ekel oder Abscheu heraus zu vertreiben oder gar zu töten.

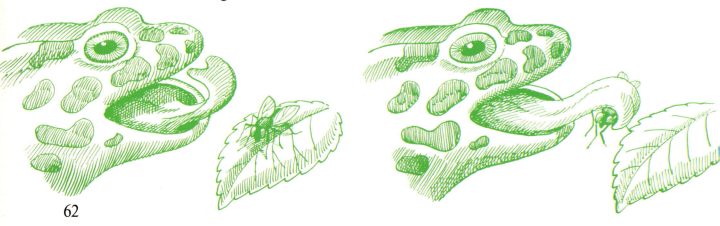

Die Lachmöwe

Die Lachmöwe findet man überall in Europa, allerdings nur selten am Meer, dafür um so häufiger an stehenden oder langsam fließenden Gewässern im Binnenland. Man erkennt sie leicht an ihrem roten Schnabel, den leuchtend roten Füßen und – zur Brutzeit im Sommer – an ihrer schwarzen Kopfhaube.

Im Winter kommen die Lachmöwen oft in Scharen bis in die Großstädte, um an den eisfreien Flüssen nach Nahrung zu suchen. Dann nehmen sie auch jeden Bissen Brot an, während sie sich sonst lieber von kleinen Fischen, Insekten und Würmern ernähren. Wirft man einer Möwe von einer Brücke oder vom Ufer aus einen Brocken zu, dann kann man gut beobachten, was für eine meisterhafte Fliegerin sie ist: Zielsicher schnappt sie das Brotstückchen meist noch in der Luft auf. Ist es jedoch ins Wasser gefallen, stößt sie im Sturzflug hinterher. Kurz vor der Wasseroberfläche fängt sie ihren Körper ab, packt das Brot mit dem Schnabel und erhebt sich wieder in die Luft, ohne die Wasseroberfläche richtig berührt zu haben. Selbst wenn der Brocken im Wasser versinkt, gibt ihn die Möwe nicht gleich auf: Sie landet auf dem Wasser oder schwimmt schnell heran und taucht nach der Nahrung, wobei sie kräftig mit ihren Schwimmfüßen rudert.

Das Nest der Lachmöwe sieht oft aus wie ein wahllos zusammengetragener Haufen von verfaulenden Wasserpflanzen oder Schilfstengeln. Das Weibchen legt drei grünlich-blaue Eier, die beide Partner bebrüten. Nach etwa 20 Tagen schlüpfen die kleinen Möwen, die fast pausenlos nach Nahrung schreien. Die Altvögel sind dann ständig damit beschäftigt, Schnecken, Würmer und Engerlinge herbeizuschaffen. Da diese vor allem beim Pflügen ans Licht kommen, sieht man Lachmöwen auch oft hinter pflügenden Bauern „Nachlese" halten.

Tiere im Wald

Der Wald sollte für den Menschen eigentlich eine Stätte der Ruhe und Erholung sein. Wer jedoch in der Nähe einer Großstadt am Wochenende einen Waldspaziergang macht, kann sich oft vom Gegenteil überzeugen: Hier lassen sich einige zum Picknick nieder und werfen ihre leeren Flaschen und Plastikbeutel einfach ins Gebüsch, dort fahren andere mit ihren Mopeds über die engen Waldwege und drehen ihren Kassettenrekorder auf volle Lautstärke. Daß sich Tiere aus einem solchen Lebensraum zurückziehen, ist sicher kein Wunder. Außerdem nimmt auch der Mischwald immer stärker ab, der vielen Tieren einen guten Unterschlupf bietet. An seine Stelle tritt meist der aufgeforstete Fichtenwald, in dem die Bäume so eng beisammenstehen, daß am Boden für Gräser und Sträucher kein Licht mehr bleibt.

Die Rote Waldameise

geflügeltes Weibchen

Den Bau der Roten Waldameise erkennt man leicht an seiner Größe – er wird bis zu einem Meter hoch – und an seinem Baumaterial, den unzähligen, aufeinandergeschichteten Fichtennadeln. Vor allem an sonnigen Tagen herrscht vor dem Bau ein ungeheures Gedränge. Bei der unvorstellbaren Zahl von Ameisen, die in einem solchen Bau leben – meist sind es an die 100000 – kann man sich kaum vorstellen, daß es hier geordnet zugehen soll. Und doch ist das der Fall.

Im Bau der Roten Waldameise gibt es drei Arten von Bewohnern: Da ist zunächst „Ihre Majestät", die Königin. Sie ist als einzige im ganzen Ameisenstaat in der Lage, Eier zu legen. Versorgt wird sie von Arbeiterinnen, den unfruchtbaren Weibchen. Sie sind mit Putzarbeiten, Nahrungssuche, Kinderpflege und Wachdienst beschäftigt. Die Männchen findet man nur kurz vor dem Hochzeitsflug im Bau. Ihre einzige Aufgabe besteht darin, die zukünftigen Königinnen beim Hochzeitsflug zu begatten. Da sie sich nicht selbst ernähren können, verhungern sie recht bald. Während des Hochzeitsfluges packt die Königin den Samen der Männchen in eine Art „Frischhaltebeutel" in ihrem Körper und kann nun bis zu zwölf Jahren ohne Männchen auskommen.

geflügeltes Männchen

Arbeiterin

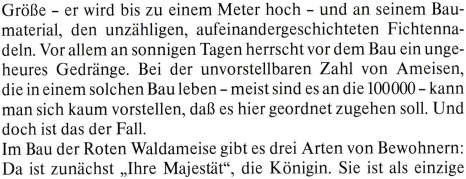

Eine heimgekehrte Ameise füttert ihre Kollegin im Nest.

Ameisen fressen alles gern, was süß schmeckt. Aus diesem Grund halten sie sich sogar eine eigene „Herde" von Blattläusen. Blattläuse saugen mit ihrem Rüssel den Saft aus den Pflanzen. Da dieser Saft im Überfluß vorhanden ist, scheiden sie einen Teil als Zucker wieder aus. Auf diese süße Ausscheidung haben es die Ameisen abgesehen.

Wenn man davon ausgeht, daß jede Ameise an einem Tag nur *ein* anderes Insekt verzehrt, dann vernichtet ein Ameisenvolk pro Tag etwa 100000 Schädlinge. Deshalb steht die Rote Waldameise unter strengem Naturschutz. Man sollte also Ameisen weder töten noch ihren Bau zerstören.

Das Brüten läßt er andere besorgen

Der junge Kuckuck wirft alles aus dem Nest.

Der Kuckuck

Am Rande von Auwäldern oder anderen Mischwäldern kann man im Frühjahr fast den ganzen Tag über das „U-uuh, U-uuh" des Kuckucks vernehmen. Mit seinem Ruf tut das Männchen kund, daß es wieder aus Afrika zurück ist und sein angestammtes Revier besetzt hat. Wehe dem fremden Kuckuckmännchen, das nun in sein Gebiet eindringt! Geschieht dies doch einmal, dann kommt es zunächst zu einem lauten und anhaltenden Rufduell und schließlich zu einem erbitterten Kampf.

Den Ruf des Kuckucks kennt fast jeder, aber gesehen haben den etwa taubengroßen Vogel die wenigsten. Er ist nämlich sehr scheu und zieht sich sofort in den tiefen Wald zurück, wenn man ihm zu nahe kommt.

Vögel bauen sich vor allem Nester, um darin ihre Eier auszubrüten und ihre Jungen aufzuziehen. Aber wenn dir jemand erzählt, er habe ein Kuckucksnest gesehen, so darfst du ihn ruhig als Lügner bezeichnen. Der Kuckuck verzichtet nämlich auf ein eigenes Nest, denn seine Eier läßt er von anderen Vögeln ausbrüten. Dabei geht das Kuckuckweibchen ausgesprochen geschickt vor, um die künftigen Stiefeltern zu hintergehen: In einem günstigen Augenblick legt es ein Ei und trägt es mit dem Schnabel vorsichtig in ein gerade unbewachtes Nest. Fast immer wird dabei noch eines der bereits im Nest liegenden Eier der Wirtsvögel entfernt. Und obwohl der Kuckuck wesentlich größer ist als seine Pflegeeltern, sind seine Eier nur so groß wie Sperlingseier. Oft ähneln sie in Form und Farbe sogar den Eiern der Pflegeeltern.

Der junge Kuckuck schlüpft bereits nach 12 Tagen, also meist 1 bis 3 Tage früher als seine Stiefgeschwister. Schon am ersten Tag nach dem Schlüpfen versucht er, alles was ihn berührt, aus dem Nest zu stoßen. Dabei wirft er sowohl andere Eier wie auch bereits geschlüpfte Jungvögel hinaus. Die Pflegeeltern scheint das nicht zu stören, denn sie füttern unbeirrt den jungen Kuckuck, bis dieser flügge wird und das Nest verläßt.

Der Hirschkäfer

Der größte Käfer, den es bei uns gibt, ist leider schon recht selten geworden. Damit er nicht ganz ausgerottet wird, hat man ihn in Mitteleuropa unter Naturschutz gestellt. Daß der Hirschkäfer so selten geworden ist, hängt damit zusammen, daß er sich vor allem in Wäldern aufhält, in denen viele Eichen wachsen. Da Waldbesitzer aber mit dem Holz der Bäume Geld verdienen wollen, pflanzen sie heutzutage meist nur noch schnell wachsende Bäume, zum Beispiel Fichten. Eichen wachsen sehr langsam und werden deswegen immer seltener gepflanzt.

Das Hirschkäferweibchen, das nur etwa halb so groß ist wie das Männchen, legt seine Eier in faulende Eichenstämme. Die Larven, die aus den Eiern schlüpfen, fressen das faulende und zerfallende Eichenholz. Eigentlich ist Holz nicht verdaulich und kein geeigneter Nährstoff für Insekten. Manche winzig kleinen Pilze können aber das Holz zersetzen, und die Hirschkäferlarven fressen genau genommen diese Pilze, die vom Holz leben. Nach fünf bis acht Jahren wird aus einer Hirschkäferlarve dann ein Hirschkäfer.

Die männlichen Hirschkäfer haben stark vergrößerte Oberkiefer, die aussehen wie ein Hirschgeweih. Daher haben sie auch ihren Namen bekommen. Obwohl die Oberkieferzangen sehr gefährlich aussehen, ist der Hirschkäfer ein recht friedliches Tier, denn er ernährt sich nur von pflanzlichen Stoffen. Der süße, gärende Saft, der aus den Eichen hervorquillt, wenn man die Rinde anschneidet, ist ein besonderer Leckerbissen für ihn. An diesem Saft können sich die Hirschkäfer regelrecht berauschen. Aus Futterneid kommt es dann manchmal zu Kämpfen zwischen den Männchen, wobei sie ihr „Geweih" kräftig einsetzen. Sie packen sich mit ihren großen Zangen und versuchen, sich gegenseitig vom Baum zu stoßen. Aber selbst wenn der Schwächere dabei vom Baum fällt, verletzt er sich kaum, denn der starke Panzer schützt ihn beim Aufprall.

Die Waldmaus

Von Mäusen ausgefressene Nüsse

Ausgerechnet ein Tier, das man so selten sieht, soll das häufigste Säugetier Europas sein? Und in der Tat, zahlreiche andere Säugetiere bekommt man viel häufiger zu Gesicht als diesen kleinen, unscheinbaren Waldbewohner.

Die Waldmaus ist sehr scheu und ebenso flink und hält sich während des Tages meist in ihrem Nest im Boden oder unter Baumwurzeln auf. Deswegen begegnet man ihr so selten. Und läuft sie einem doch einmal über den Weg, dann huscht sie so rasch vorbei, daß man Mühe hat, sie zu erkennen.

Aber vielleicht hast du doch schon eine Waldmaus gesehen, ohne dir dessen bewußt zu sein: Im Winter sucht die Waldmaus nämlich häufig menschliche Behausungen auf und wird dann leicht mit der Hausmaus verwechselt. Dabei ist sie wesentlich hübscher als die Hausmaus. Auffällig sind ihre ungewöhnlich großen Augen und Ohren sowie ein gelblicher Streifen im Fell, der sich von der Kehle bis zur Brust zieht.

Wie die Hausmaus ist auch die Waldmaus ein Allesfresser: Im Freien ernährt sie sich vor allem von Nüssen, Körnern, Eicheln oder Bucheckern, aber sie frißt auch Insekten und Würmer. Für den Winter legt sie sich einen Vorrat aus Eicheln und Nüssen an, da sie keinen durchgehenden Winterschlaf hält und während der kalten Jahreszeit ab und zu etwas fressen muß.

Wie alle Mäuse vermehrt sich auch die Waldmaus sehr schnell. Meist dreimal im Jahr bekommt sie fünf bis sechs, manchmal bis zu acht Junge. Bei der Geburt sind die Kleinen noch ganz blind und nackt. Erst nach einer Woche beginnen sich die Augen zu öffnen und die Haare zu wachsen. Die Mutter kümmert sich vorbildlich um ihre hilflosen Jungen. Wird sie während eines nächtlichen Streifzugs von einem Waldkauz erlegt, dann bedeutet das gleichzeitig den Tod ihrer Kinder, denn diese werden bis zu sechs Wochen von der Mutter gesäugt.

Der Sperber

Der Sperber richtet zwar unter kleineren Vögeln großen Schaden an, dennoch darf er bei uns nicht geschossen werden, da er zu den Tieren gehört, die recht selten geworden sind.

In kleineren Nadelwäldern, seinem bevorzugten Lebensbereich, sieht man ihn manchmal durch das Astwerk huschen. Geschickt und unauffällig streicht er am Waldrand entlang, um sich nach geeigneter Beute umzuschauen. Hat er zum Beispiel eine Sperlingsschar entdeckt, taucht er jäh aus dem Hinterhalt auf und stößt blitzschnell zu. Mit wildem Geschrei stieben die Spatzen davon, doch für einen von ihnen ist es meist zu spät: Im wendigen, pfeilschnellen Flug hat ihn der Sperber gepackt und tötet ihn im festen Griff seiner Klauen. Dann zieht er sich an einen ruhigen Platz zurück, um seine Beute erst einmal zu rupfen. Größere Knochen, die er nicht hinunterschlingen kann, bleiben als Überreste seiner Mahlzeit liegen.

Während sich das Sperbermännchen vor allem mit Spatzen und etwa gleich großen Singvögeln begnügt, kann das wesentlich größere Weibchen auch Tauben, Eichelhäher und im Winter sogar Rebhühner schlagen.

Sein Nest baut der Sperber im dichten Gehölz aus Zweigen und Reisig. Das Weibchen brütet aber erst zu Beginn des Sommers, wenn andere Jungvögel schon längst geschlüpft sind. Dem Sperber steht dann eine reichhaltige Auswahl an jungen Vögeln zur Fütterung der eigenen Brut zur Verfügung.

An der Aufzucht der Jungen beteiligen sich beide Sperbereltern: Das Männchen geht auf Jagd, und das Weibchen füttert die Kleinen. Die Beute muß kunstgerecht zerteilt werden, damit die Sperberküken sie auch schlucken können. Diese Arbeit wird vom Weibchen geleistet, das Männchen ist dazu nicht in der Lage. Fällt ein Sperberweibchen der Büchse eines Jägers zum Opfer, dann kommen auch die Jungen um, obwohl das Männchen weiterhin genügend Nahrung ans Nest bringt.

Der Laubfrosch

Im Gegensatz zu Kröten und Wasserfröschen, die viele Menschen als häßlich empfinden, gehört der Laubfrosch zu den Lurchen, die recht beliebt sind. Doch auch diese Beliebtheit bewahrt ihn nicht vor der Gefahr, bald ausgerottet zu werden. Dabei sind es neben den Feinschmeckern, die gern Froschschenkel essen, vor allem Veränderungen unserer Umwelt, die den Bestand der Frösche ernsthaft gefährden.

Frösche atmen nicht nur durch die Haut, sie „trinken" auch durch die Haut. Werden die Büsche und Bäume ihres Lebensraumes mit einem Pflanzenschutzmittel besprüht, dann nehmen die Frösche dieses Gift in ihren Körper auf. Auch die Kaulquappen, die aus den Froscheiern schlüpfen und die nur im Wasser leben können, reagieren sehr empfindlich auf Umweltgifte, die häufig in unsere Bäche und Tümpel gelangen. Schon wilde Müllablagerungen in der Nähe von Bächen und Tümpeln können dazu führen, daß die gesamte Froschbrut in diesem Gewässer vernichtet wird. Auch wenn Tümpel und Altwässer trockengelegt werden, entzieht man damit den Fröschen ihren Lebensraum.

Schließlich legen Frösche jedes Jahr lange Wanderungen zurück, um an ihre gewohnten Laichplätze zu gelangen. Dabei müssen sie immer häufiger Schnellstraßen oder gar Autobahnen überqueren. Bei der Verkehrsdichte solcher Straßen erreicht oft nur ein Bruchteil der Frösche die andere Straßenseite.

Tausende von Laubfröschen müssen ihr Dasein als Wetterfrösche in Marmeladengläsern fristen. Dabei ist es wirklich sehr fraglich, ob diese hübschen Baumbewohner tatsächlich auf Temperatur- und Luftdruckschwankungen reagieren. Man sollte sich besser an einem Laubfrosch erfreuen, den man in der freien Natur beobachtet, als diesen nützlichen Insektenfresser in einer so engen Behausung gefangenzuhalten.

Die Männchen verstärken ihr Quaken durch eine Schallblase.

Der Buntspecht

Der Buntspecht ist normalerweise im Mischwald zu Hause, aber wenn man ein bißchen Glück hat, trifft man ihn auch in Park- und Gartenanlagen von Großstädten. Sehen kann man ihn nicht immer gleich, aber sein Trommeln hört man oft schon von weitem. Früher glaubte man, daß der Buntspecht mit diesem lauten Geräusch die Insekten unter der Baumrinde aufscheuchen wolle, die er als Nahrung braucht. Inzwischen weiß man, daß das Trommeln ein Lockruf ist, mit dem die Männchen die Weibchen anlocken.

Seine Nahrung findet der Buntspecht ganz anders: Er läuft an einem Baumstamm auf und ab – das kann er sogar mit dem Kopf nach unten! – und horcht dabei nach Nagegeräuschen von Insekten, die sich unter der Baumrinde aufhalten. Hat er auf diese Weise einen Rüssel- oder Borkenkäfer oder eine ihrer Larven aufgespürt, dann holt er sie mit seiner langen, dünnen und an der Spitze klebrigen Zunge aus den Spalten und Ritzen der Rinde hervor. Der Buntspecht ist also ein recht nützliches Tier, denn er sorgt dafür, daß sich Baumschädlinge in Wald und Forst nicht allzusehr ausbreiten.

Die Zunge führt einmal umen im Kopf herum

und kann lang ausgestreckt werden.

Im Winter stellt sich der Buntspecht auf pflanzliche Nahrung um: Er sucht sich dann vor allem Kiefern- und Fichtensamen oder Haselnüsse. Die Nüsse klemmt er geschickt in einen größeren Rindenspalt ein und hackt dann mit seinem Schnabel die Schale auf. Eine Stelle, an der man die Überreste einer solchen Mahlzeit findet, nennt man „Spechtschmiede".

Wie mit einem Meißel bearbeitet der Specht das Holz der Bäume, wenn er sich in einem morschen Stamm eine Bruthöhle baut. Man kann also zu Recht sagen, daß der Buntspecht der Zimmermann unter den Vögeln ist.

Sie schluckt ihre Beute mit Haut und Haaren

junge Eulen

Die Waldohreule

Einen nachts jagenden Vogel wie die Waldohreule zu beobachten, wird nur schwer gelingen. Bei Tage sitzt sie meist unbeweglich auf einem Baum, gut getarnt durch Äste und Blätter. Ihr Lebensbereich sind Laub- und Nadelwälder, in der Nähe von Städten findet man sie aber auch in Parks und Friedhöfen mit Baumbestand.

Wer eine Waldohreule sieht, findet sie vom Aussehen her vielleicht recht komisch. Das liegt vor allem an den großen Augen, die von einem Federkranz, dem sogenannten Schleier, umgeben sind, und an den zwei Federbüscheln auf dem Kopf. Diese Federbüschel sind befiederte Ohrenklappen, die aufgerichtet werden können und als bewegliche Schalltrichter dienen. Wenn die Waldohreule erschreckt wird, richtet sie diese Federbüschel auf, um den Störer dadurch einzuschüchtern.

Die Waldohreule frißt vor allem Feld- und Wühlmäuse, sie ist also für den Menschen ein sehr nützliches Tier. Nur selten schlägt sie kleinere Vögel oder junge Rebhühner; meist sind das dann schwache oder kranke Tiere. Trotzdem brechen Kleinvögel, Krähen und selbst Greifvögel in ein wildes Warngeschrei aus, wenn eine Waldohreule erscheint.

Geht sie abends auf die Jagd, kann man ihr gespenstisch klingendes „Huu-huu" im Wald vernehmen. Mit ihren großen Augen erspäht sie auch bei Dunkelheit zielsicher ihre Beute. Da ihre Federn samtartig weich sind, kann sie sich fast geräuschlos auf ihr ahnungsloses Opfer stürzen. Zunächst versucht sie, ihre Beute im ganzen zu verschlingen. Gelingt ihr das nicht, zerkleinert sie Fell und Knochen mit Schnabel und Füßen und verschlingt dann die einzelnen Brocken. Da Haare, Federn und Knochen jedoch unverdaulich sind, muß sie diese Reste nach einiger Zeit wieder hervorwürgen. Ein solches „Gewölle" findet man häufiger als die Eule selbst.

82

Die Schwanzmeise

Woher die Schwanzmeise ihren Namen hat, ist wirklich leicht zu erkennen: Ihr Schwanz ist mehr als halb so lang wie ihr ganzer Körper. Am besten kann man sie im Frühjahr und im Herbst beobachten, wenn sie durch Mischwälder und Parkanlagen streift, um sich dort ihr Futter zu suchen. Schwanzmeisen gelten als sehr nützliche Tiere, denn sie ernähren sich fast ausschließlich von Insekten und Insektenlarven.

Männchen und Weibchen bauen gemeinsam ihr Nest, häufig in einer Astgabel, am liebsten in Dornbüschen, Hecken oder dichtem Brombeergestrüpp. Dabei spielt das Männchen in der Regel den „Handlanger": Pausenlos schleppt es Baumaterial heran, vor allem Moose, Flechten und Halme. Oft finden auch Rindenstückchen oder leere Puppenhäuser von Insekten Verwendung beim Nestbau. Kunstvoll verwebt die Schwanzmeise die Baustoffe zu einem eigenartig geformten, meist kugeligen oder eiförmigen Nest, an dem seitlich eine Schlupföffnung freibleibt. Die Außenwand wird mit den gleichen Flechten bedeckt, die auch am Nistbaum vorkommen. Man muß daher oft lange suchen, bis man das ausgezeichnet getarnte Nest einer Schwanzmeise entdeckt.

Ist der „Rohbau" auf diese Weise fertiggestellt, kommt die „Inneneinrichtung" des Nestes an die Reihe. Das Nest wird mit Haaren, Federn und sogar mit Wolle ausgekleidet und weich gepolstert. Man hat schon Schwanzmeisennester gefunden, die mehr als tausend Federn enthielten. Diese weiche Auskleidung bietet für die Eier und die Jungen einen ausgezeichneten Wärmeschutz. Ist das Nest nach rund dreiwöchiger Bauzeit fertig, dann legt das Weibchen bis zu einem Dutzend Eier hinein. Für so viele Nachkommen wird es dort schon bald zu eng. Das Gedränge um den besten Platz führt nicht selten dazu, daß das Nest Risse und Löcher bekommt. Wenn die Jungen dann ihre langen und im Nest hinderlichen Schwänze durch die Spalten nach draußen stecken, sieht das Nest fast aus wie ein großer Federball.

Der Vogel mit der Beißzange

Der Fichtenkreuzschnabel

Der Fichtenkreuzschnabel ist nicht viel größer als ein Sperling und hält sich meist in Nadelwäldern auf. Sein auffallendstes Merkmal ist der Schnabel, der ähnlich geformt ist wie ein Papageienschnabel, die Enden stehen zusätzlich noch über Kreuz. Der Fichtenkreuzschnabel bewegt sich auch ähnlich wie ein Papagei: Wenn er an einem Baum hochklettert, hält er sich mit dem Schnabel an den Zweigen fest und zieht sich dann hoch.

Am liebsten frißt der Kreuzschnabel die Samen aus Fichten- und Kiefernzapfen. Die Zapfen aufzubrechen und die versteckten Samen herauszuholen, erfordert viel Kraft und Geschicklichkeit. Der gekreuzte Schnabel ist gerade dafür besonders geeignet. Geschickt schiebt er ihn seitlich zwischen die Schuppen, sprengt die verholzten Teile ab und leckt die Samen heraus. Ist die Zapfenernte reichhaltig, dann trifft man den Kreuzschnabel recht häufig. In großen Scharen zieht er dann oft von einer Fichtenschonung zur anderen, um die besten Futterplätze zu finden.

Da die Fichtenzapfen erst im Herbst heranreifen und den ganzen Winter über an den Bäumen hängen bleiben, gibt es auch in der kalten Jahreszeit immer genügend Nahrung für den Kreuzschnabel. Deshalb brütet er nicht nur im Sommer, sondern auch mitten im kalten Winter. Die Jungen kommen mit geraden Schnäbeln zur Welt, erst nach drei Wochen krümmen sich die Schnabelspitzen. Anfangs füttern die Altvögel ihre Jungen mit im Kropf aufgeweichten Samen, später schleppen sie Zapfen ins Nest und lehren die Jungen, selbst die Samen herauszuholen.

Fichtenkreuzschnäbel sind recht zutraulich und werden in Gefangenschaft schnell zahm. Sie in Käfigen zu halten, ist allerdings eine arge Tierquälerei für einen Vogel, der die Freiheit gewöhnt ist. Jeder Vogelfreund sollte darüber hinaus wissen, daß das in der Bundesrepublik Deutschland, in Österreich und der Schweiz gesetzlich verboten ist.

junger Fichten-kreuzschnabel

86

Register

Sachbilderbücher von Wolfgang de Haën

Warum ist das Wetter so?

Wo ist die Sonne in der Nacht? Warum ist es im Winter kälter als im Sommer? Woher kommt der Regen und wohin geht er? Was ist eine Klimazone, und wie entsteht eine Wetterkarte?

In diesem Sachbilderbuch werden erste Zusammenhänge erklärt, und darüber hinaus wird neues Wissen vermittelt. Der leicht verständliche Text kann und soll nicht die ganze wissenschaftliche Information bieten, er will Grundbegriffe schaffen und Anstöße zu weiteren Fragen geben. Die doppelseitigen Bilder bestechen und bezaubern durch ihre farbenfrohe Lebendigkeit.

Wie kleine Tiere groß werden

Ein Bilderbuch und zugleich ein Sachbuch, das Kindern im ersten Schulalter die Entwicklung der Tiere zeigt.

Die bis ins Detail mit liebevoller Sorgfalt gemalten Bilder zeigen, daß manche Tiere sich während des Heranwachsens nur wenig verändern, andere dagegen verschiedene Entwicklungsstadien durchlaufen. Der informative Text erläutert die Illustrationen und ergänzt sie treffend.

Die Uhr

Schritt für Schritt erweitern Kinder ihre Kenntnisse über die Uhrzeit – von der vollen Stunde bis hin zu den Minuten, zum 24-Stunden-Rhythmus und zum Begriff der „Zeitdauer".

Zu jeder Bildszene rund um die Uhr gehört eine Aufgabe, die mit Hilfe der eingestanzten Uhr durchgeführt werden kann. Die Kontrolluhr auf der nächsten Seite zeigt dann die Lösung. So bringt das Erfolgserlebnis zusätzliche Freude und spornt an zum Weitermachen.

4 3 2 78 79 80
© 1977 by Otto Maier Verlag, Ravensburg
Alle Rechte, auch die des auszugsweisen Nachdrucks,
der fotomechanischen Wiedergabe
und der Übersetzung, vorbehalten.
Gesamtausstattung: Wolfgang de Haën
Printed in Germany
ISBN 3-473-35517-8